JN425962

글 윤영선

충북 제천에서 태어났고, 단국대학교 대학원 아동문학 석사과정을 졸업하였습니다.
제4회 김장생문학상에 동화가, 제1회 천강문학상에 동시가 당선되었습니다.
쓴 책으로는 〈수탉이 알을 낳았대〉, 〈내 말 좀 들어 주세요〉, 〈비교〉가 있고,
직접 기획하고 쓴 책으로는 〈사회탐구와 논술이 딱! 만났다〉, 〈논술, 감정 다루는 법에서 시작된다〉,
〈게 섰거라!〉, 〈국 아홉 동이 밥 아홉 동이〉 등 많은 정보 책들이 있습니다.

그림 홍시야

대학에서 시각디자인을 공부하고, 현재 프리랜서로 활동하고 있습니다.
개인전을 개최하고, 에세이와 그림책 시리즈를 발표하는 등 활발한 활동을 하고 있으며
그린 책으로는 〈세 사람〉, 〈안다는 것〉, 〈악기가 되어 보자〉 등이 있습니다.

감수 신항균

성균관대학교 대학원 수학과를 졸업했습니다.
공군사관학교와 우석대학교 교수를 역임했고,
미국 애리조나 주립대학교 수학과 교환교수로도 활동한 바 있습니다.
지금은 서울교육대학교 수학교육과 교수로 재직 중이며,
동 대학교 초등수학교육연구소장으로 있습니다.
또한 서울교육대학교 영재교육원 운영위원으로도 활동하고 있습니다.
초등학교와 중학교, 고등학교에 이르기까지 수학교과서 집필책임교수로 활동했고,
저서로는 〈수학사와 수학이야기〉, 〈클릭 수학나라〉, 〈영재들의 1등급 수학교실 시리즈〉가 있습니다.

1단계 규칙과 친해지기 11

들쥐, 도시락, 들쥐, 도시락

글 **윤영선** 그림 **홍시야** 감수 **신항균**
펴낸곳 **(주)아람키즈** | 펴낸이 **이소영** | 주소 **서울특별시 성동구 성수이로 147 아이에스비즈타워 2F**
고객센터 **1644-4521** | 팩스 **02-468-5548** | 홈페이지 **www.aramkids.co.kr** | 출판등록 **제2020-000011호**
기획 편집 디자인 **(주)아람키즈 하늘땅**
ISBN **979-11-6543-552-3 979-11-6543-509-7(세트)**

© (주)아람키즈
이 책은 저작권법에 따라 보호를 받는 저작물이므로 무단전재와 무단복제를 금합니다. 이 책 내용의 전부 또는 일부를 이용하려면 저작권자의 서면 동의를 받아야 합니다.

• 눈을 편안하게 해 주는 친환경 식물성 원료인 콩기름 잉크로 인쇄하였습니다.
⚠ 책 모서리가 날카로워 다칠 수 있으니 사람을 향해 던지거나 떨어뜨리지 마십시오.
⚠ 종이에 베이거나 긁힐 수 있으므로 주의해 주십시오.

들쥐, 도시락, 들쥐, 도시락

글 윤영선 · 그림 홍시야 · 감수 신항균

아람키즈

'아, 배고파.
들쥐라도 잡아먹으면 얼마나 좋을까?'

***굶주린 들고양이 한 마리가 침을 꼴깍 삼켰어요.**

때마침 언덕 위로 들쥐들이 지나갔어요.

'앗, 들쥐에 *도시락까지?

들쥐도 먹고 도시락도 먹으면 며칠은 문제없겠어.

들쥐부터 먹을까, 도시락부터 먹을까?

에이, *순서대로 먹자!

들쥐, 도시락, 들쥐, 도시락…….'

그런데 이를 어쩌죠?
들쥐들이 *그늘에 앉더니 도시락을 *날름 까먹어 버렸어요.

'아차차, 좀 더 빨리 서두르는 건데…….
어서 들쥐라도 잡아먹어야겠어!'
들고양이가 살금살금 다가가 입을 쩍 벌리려는데…….

'킁킁, 이게 무슨 냄새지?
앗, 들쥐들이 따고 있는 열매!
들쥐도 먹고 열매도 먹으면 오늘 하루는 문제없겠어.
들쥐부터 먹을까, 열매부터 먹을까?
에이, 순서대로 먹자!
들쥐, 열매, 들쥐, 열매…….'

들쥐들은 한참 가다 높은 *절벽 아래에 멈추었어요.
'으흐흐, 길이 막혔으니 모두 내 차지다!'
들고양이는 이때다 싶었지요.
곧 달려들 것처럼 눈을 부릅떴어요. 캬옹~!

“꺅~, 들고양이다! 어서 ***사다리**를 내려!”
절벽 위에서 긴 사다리가 내려왔어요.

들쥐들은 **빨강, 파랑, 빨강, 파랑,**
사다리를 차례대로 밟고서 절벽 위로 도망쳤어요.

"거기 서란 말이야!"

들고양이도 사다리로 후다닥 뛰었어요.
한 번에 휘익 날아서 빨강, 빨강, 파랑, 파랑,
사다리를 몇 칸씩 뛰어오르다가, 주르륵 쾅!

"하하하, 바보 같은 고양이!
빨강, 파랑, 빨강, 파랑, 차례대로 밟았어야지."
어느새 들쥐들은 절벽 너머로 달아났어요.

약 오른 들고양이는 들쥐를 쫓아가고,
들쥐들은 절벽 너머 ***출렁다리**로 향했어요.

들쥐들은 **앉고, 뛰고, 앉고, 뛰고,**
출렁거리는 다리를 무사히 건넜어요.

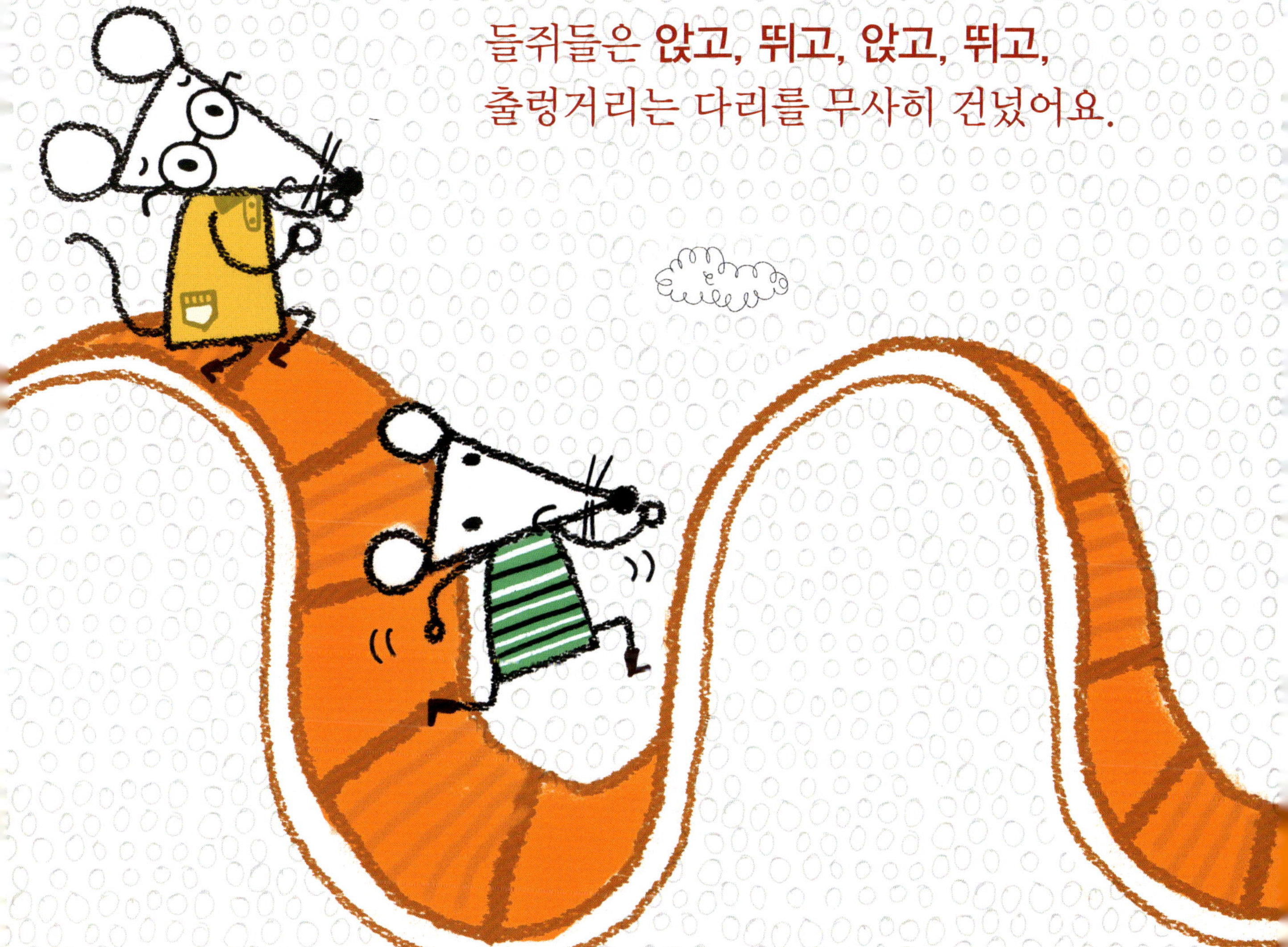

"저런 다리쯤이야!"

들고양이도 출렁다리로 내달렸어요.

펄쩍 펄~쩍 뛰었더니, 긴 출렁다리가 출렁 출~렁!
들고양이가 하늘 높이 튕겨 올랐다가 물속으로 풍덩!

"으하하, 어리석은 고양이! 다리가 출렁거리니까
앉고, 뛰고, 앉고, 뛰고, 차근차근 건넜어야지.
물이나 실컷 먹어라."

그때 들고양이 앞으로 물고기가 팔딱팔딱 튀어 올랐어요.
"엇, 물고기네! 요놈, 어딜 도망가려고……."
**들고양이는 *팔딱거리는 물고기를 잡으려고,
이리 첨벙 저리 첨벙대기에 바빴어요.**
들쥐를 잡아먹으려고 했던 것도 까맣게 잊고서 말이에요.

엄마가 보기

반복되는 규칙의 리듬감을 알아보아요

아이의 두뇌는 '눈으로 보는 것'에 자극을 많이 받습니다. 그 자극은 아이로 하여금 능동적인 생각을 하게 만듭니다. **반복되는 규칙**을 눈으로 보는 것만으로도 아이는 능동적으로 **규칙의 리듬감**을 느끼게 됩니다. 즉 쉬운 패턴부터 반복하는 학습이 효과적이지요. 아이 스스로 모양, 색깔을 구별하고 순서를 정하게 해 보세요. 그러고 나면 그다음에 올 규칙까지 깨치게 됩니다.

동생과 그림 딱지 놀이를 할 때, 같은 모양끼리 혹은 같은 색깔끼리 붙일 때가 있습니다. 동그란 그림 딱지를 빨강, 분홍, 빨강, 분홍 순서대로 붙이는 놀이라면 빨강 다음에 어떤 색깔 그림 딱지를 붙여야 할까요? 색종이를 동그라미, 세모, 동그라미, 세모 순서로 놓는다면 동그라미 다음에는 어떤 모양의 색종이를 놓이야 할까요? 이처럼 모양이나 색깔을 순서대로 놓다 보면 자연스럽게 규칙의 리듬감을 느낄 수 있습니다.

아이가 보기

규칙적인 행동을 살펴보아요

아이와 함께 하기

함께 해 보아요

조개껍데기와 소라 껍데기로 예쁜 목걸이를 만들어 보아요.
조개껍데기 다음에 소라 껍데기를 끼웠어요.
이번에는 어떤 껍데기를 끼울 차례인가요?

아빠와 할아버지가 바둑을 두고 있어요.
아빠는 흰색 알, 할아버지는 검은색 알을 갖고 있지요.
할아버지가 방금 검은색 알을 두었어요.
이번에는 누가 어떤 색 알을 둘 차례일까요?
또 그다음에는 누가 어떤 색 알을 둘 차례일까요?